Josef Wittmann: Bluadiga Gams

fian sigi maron

an bog gschossn
ham scho mehra
an gams gfangt
no need

josef wittmann
17.5.2010

Josef Wittmann

Bluadiga Gams

Liliom Verlag 2010

Josef Wittmann

Bluadiga Gams

ISBN 978-3-934785-47-2

Wichtig

Am Rand, neba da Schdrass, fast
need zum Sehng durch d Windschutzscheim,
schreibt no a Dichta neie Biacha, mid de
gleichn Wörta wia oiwei. Mei.
Ob des jetz im Vabeifahrn oana merkt?
S is minder wichtig.
Ob d Schbåzn drüwa pfeiffa
und ob s s Dåcherl kraaht - gwiß is,
daß d Zeid fian Weg no kiazza wead
und d Schuid am Ganzn grässa.
Danebm vabliaht da Löwmzahn,
fia r an Sålåt is der scho z bitta.

Inhalt

Versuch einer vorsichtigen Annäherung an den Poeten Josef Wittmann in 22 zögernden Schritten

1. Mit einer Stimme, die der Tageslärm zudeckt, versucht er die Welt aufzureißen.
2. Er arbeitet daran, die menschliche Vernunft zum Entgleisen zu bringen.
3. Er weiß, zusehen ist wegsehen.
4. Mit jeder Silbe zersilbt er Lügengewebe.
5. Teilt tags verschwenderisch aus, was ihm nächtens zögernd geschenkt wird.
6. Macht hinter Worten die Ängste erratbar.
7. Das entfernte Dröhnen seiner fliegenden Gedanken keilt sich in die Ohren.
8. Er scharrt unter den unglaublichen Schichten lächerlichen Dünkels nach Splittern von Wahrheit.
9. Er umtigert zusammengelöteten Irrsinn, zerfetzt ihn.
10. Kontaktsperren durchbricht er mit gütiger Geste.
11. Den Kerker in sich aufsprengen mit jedem Wort.
12. Zeile für Zeile Fingerzeige für Eintagsfliegen.
13. Immer wieder, mit unbeherrschten Bewegungen das Gleichgewicht zerstören.
14. Ihn reizt der Zusammenstoß mit Gefühlen.
15. Ein freundliches Augenzwinkern unter Ausschluss der Maßlosigkeit.
16. Erfindungen, die zu Stille verhelfen, darunter Risse.
17. Wir sind es, die es zu zermeißeln gilt.
18. Schweißtropfen einsammeln, als seien es Diamanten.
19. Ein Lächeln, das zu altern versteht.
20. Unter Trümmern von Glück den Schutt zerstörter Träume entdecken.

21. Gesänge durchkreuzter Pläne.
22. Ein „Nein" sagen, das nach „Ja" schmeckt.

"Bluadiga Gams ... jetz is oiß aus ...
So nah beim Tod wead s Leem unbandig zach."

Alfons Schweiggert, München

Anmerkungen von Josef Wittmann zu einigen von Alfons Schweiggerts zögernden Schritten seiner vorsichtigen Annäherung

zu 1. Haha, aufreißen! Ich wäre ja schon froh wenn ich sie erreichen, berühren, fassen könnte. Bei aufreißen denke ich mir: „Hättst dir doch denken können, dass sie nicht gut riecht."

zu 2. Natürlich hast du bemerkt, dass in mir ein kleins Terroristerl steckt. Aber ausgerechnet gegen die menschliche Vernunft soll ich was haben? Wo ich doch immer gegen die Unvernunft anrenne wie Don Quichote gegen die Mühlen! Die Unvernunft entgleisen lassen, das wär schön. Zumal grad die Unvernunft dazu neigt, sich in technischen Monstrositäten auf Gleise zu begeben.

zu 5. Ich sehe das ja als Nachtschwärmer eher umgekehrt: was mir der Tag nach einigen Mühen schenkt, verprasse ich in der Nacht: schreibend, lesend, Konzerte und Aufführungen besuchend, in Kneipen sitzend, Weinproben veranstaltend. Am Tag bin ich dagegen knausrig. Kaufmann halt.

zu 17. Es gibt schon ein paar Leut, bei denen hinter der Mauer aus Borniertheit und Ignoranz gar kein Lebenszeichen zu hören ist (typische Betonschädel halt); bei solchen könnte ich s mit dem Meißel probieren. Die sind aber nicht mein Publikum, nicht meine Leser. Denen und meinen Kollegen (dir und denen, die du ins "wir" wohl einbeziehst) will ich ja wirklich nix Böses, denen komme ich am liebsten mit dem gefüllten Weinglas entgegen. Konkret mit dem Meißel arbeiten tue ich übrigens in meinem Weinkeller. Da lagert das Tropfwasser Kalk ab, den ich alle Jahre mehrmals abschlagen muss. Verkalkung zermeißeln ist sicher auch was, das ich schreibend tue.

zu 22. Das mit ja und nein ist kompliziert. Sage ich nein zu Autobahntrassen, so will ich nicht die Menschen ärgern, die unter anderem auch einmal mit dem Auto fahren müssen. Aber das Nein ist ein „Nein ohne jedes Ja" und das Ja zu allem was menschlich ist (einschließlich autofahren in vernünftigem Rahmen), ist genau so ein aufrichtiges Ja ohne Nein. Was anderes ist s mit der drohenden Faust: die mache ich beim ersten Hoffnungszeichen zum Handschlag auf.

Josef Wittmann, Tittmoning

Entgegnungen von Alfons Schweiggert zu Josef Wittmann Anmerkungen

zu 1. Wer die Welt erreicht, berührt und fasst, der wird sich früher oder später trotz des bestialischen Gestanks nicht mehr davor zurückschrecken lassen, sie auch aufzureißen.

zu 2. Mit der menschlichen Vernunft ist es nicht weit her. Längst ist sie heimtückisch durchseucht von Unvernunft. Wer aber die Vernunft entgleisen lässt, dem wird es vielleicht gelingen, dass sich die Unvernunft, die sich in die Vernunft verkrochen hat, outen muss.

zu 5. Wer die Nächte schreibend, lesend, Konzerte und Aufführungen besuchend, in Kneipen sitzend und Weinproben veranstaltend verbringt, dem wird dabei so Vieles geschenkt, dass er tagsüber noch so knausrig sein kann, er wird doch so manches verschenken, auch wenn er sich dessen gar nicht bewusst ist.

zu 17. Welche Leute die Leser und das Publikum eines Autors sind, weiß dieser oft selbst nicht so genau. Darunter können durchaus auch ein paar typische Betonschädel sein, bei denen es den Meißel natürlich braucht. Sind aber nicht auch oft jene Leser und Kollegen, denen man als Autor gern mit dem gefüllten Weinglas entgegenkommt, inwendig womöglich doch auch Leute, die den Meißel gut vertragen können, auch wenn Sie glauben, sie bräuchten ihn nicht?

zu 22. Natürlich sollte ein „Nein ohne jedes Ja" und ein aufrichtiges „Ja ohne jedes Nein" sein, aber manchmal schmeckt doch eine Prise Ja oder eine Spur Nein heraus. Teuflischerweise passiert es immer wieder, dass jemand ein deutliches „Nein ohne jedes Ja" sagt, der es aber hört, der interpretiert, ohne dass das der Neinsager verhindern kann, ein Nein hinein, das nach Ja schmeckt. So entstehen auf wundersame Weise immer wieder Missverständnisse.

Alfons Schweiggert, München

jw 2009

Landschaften

Sommazeid

Hätt s denn need doch no...
aber es ... es is ...
ah gäh,
es is Sommer, warm, windstaad,
es is Nacht, es is Ruah,
koa Frosch, koa Gruin und koa Voglstimm,
es is Glås, es is hart, diamantern,
eigschmoizn, durchsichtig, blind,
es bricht, platzt, klirrt bräslt,
d Scherm schäbern, es knirscht,
da sauerne Gruch von zvui Wein,
grissne Soatn, oiß aus,
hoaß, dampfig , durchgschwitzt,
a eigringlts, kupferrot eigfarbts Hoar, oaschichtig,
Stoamauer, Plattn, Betonpflaster und
Mondhof, Woiknhand, Schattnflug,
es is z friah, es is z eng, es is foisch,
es is unterm Flugl vom Engl oiß endlos weit,
es is z groß, es is z vui,
es is so wia ausglöscht, dastickt, zuagschütt,
es gibt Arnika und Melissngeist,
Weißblech, Atomuhrn,
es gibt Rettung und professionelle Betreuung,
beim Aufschaugn ins Astlwerk von de Buachan
is manchmoi a Trost, aber der huift need.

Landschaft

(1)

Klack-klack, schlågt da weißhoarade Dirigent
mim Staberl ans Pult,
da capo,
und rackelditack tackel tackel
roid langsam, fuizgrea, baazbraun, loamgäib,
broat wia s Lebn säiwa, a Landschaft aus:
gstrupperte Buschn und zaach graue Binsn,
Birknbäsn im gscheckadn Laub, liachtgsprenklt,
weit ziahng si d Foitn, de staad steigadn Leitn,
gfleckade Kiah higstraaht wia Sternstaub,
natüalich a Autobahn, a Sää voller Segel
und pling-pling
rasslt da Himme nebegrau von da Haschpe,
flimmert vo winzige Flugerl: Schbåz, Moaserl, Finkn,
Zaunkini, Staunzn, Wepsn, greabauchade Fliang,
des summt und flattert, schwirrt, wachlt, rauscht –
weit eini ins Land, fast wia endlos, konst horcha,
vui weida wia sehng, und ganz am End
(is des d Mittn?)
a ebner, schwarzer, trommefäiglatter Plåz.
Riesengroß: a Supermarktparkplåz ohne Auto,
ohne Leit, ohne nix, davor ståht a Glåsfront,
laar wia da Bodn, de ganze Läng is oa Spiagl
mid nix wia Asphaltschwarz und Himmegrau,
und gråd wia s d da d Augn reibst, fangt a Orchester o,
Baßgeing, Celli, Kontrafagott,
aber wo bloß? Wo?

Koa Mensch is zum Sehng,
oiß is aufgraamt und zsammkehrt,
koa Bräserl, koa Flinserl,
Staub vielleicht, ganz feiner Staub,
aber naa, koa Staub, es bleibt nix an de Finger:
vo eiwendig aussa des Spinnawebngraue vom Oiter is s,
need s glückliche Oiter voi Herbst, Äpfe und Brot,
sondern s bewusstlose: vom Frost langsam dabräslt,
vagessna Beton, lang scho fia nix meah guad.
Klack-klack schlågt d Fuang vo da Autobahnbruckn,
s Reiffnsinga stimmt ei, brunnatiaf unter de Streicher
wumbern d Dieselmotorn, zidan tuat s, schwinga,
s ganz Land in Bewegung jetz, windt si im Takt vom Staberl,
da Reng setzt ei, ganz zarte Wirbe von unendlich vui winzige
Klöppe, d Luft is schraffiert mit nådlspitzdünne Linien,
da Wind fahrt dräi, wuatig, sei kräftige Woiknfaust –
klack:
åbbrocha, weil von da Partitur s näxde Blattl
spurlos vaschwundn is.

(2)

Nix klack. Da Dirigent is ganga.
Am Pult liegt s Staberl rum,
ganz staubig scho. Es nutzt nix meah.
Da Takt wead ganz wo anders gschlång.
Was wuisd då no mim kloana Heazzn,
mim Ohr, mim Zeigefinger? Mim leichtn Bong,
de leisn Töne, wer soi s hearn? Wer brauchat s no?

De scheena glattn hoha Heisa
san si ganz säba gnuag. Und Ziffan, Zoin,
sogar de riesngroßn, wo Landschaftn in Fetzn reißn,
san ohne Laut boid då, boid dort.
Sie ham koa Ohr. Was spuist fia de?
De zoang, wås lafft,
de san, wås zäiht,
de san si säiba reichlich Herrgott,
de braucha nix, wås eahna Weg und Mittel zoagt.

Wer wui des hearn? Mächt denn wer zruck
ins miahsam Kloane, Enge, Zaache?
Mächt wiaklich wer dem ganzn Gwerk an Stecka ziahng?
Naa, need. Awa da Spiagl håd an Sprung.
Koa Mensch meah singt.
Koa Kind lasst meah an Dracha steing.
Und då im Pfeiler: a Dübeloch.
Bis gestern is blechern dro da Friedn ghängt.
Jetz is a weg.

Aussicht

A hellblonds Schiwal Grås wachst auf da Mauer.
D Windlaadn vom Schupfadachl glenzn suibrig.
Liacht und Schattn spuin se auf de Ziagl. Streifalweis
is s brennat rot und moosig grea und staubig braun.
De lila schwarzn Fuagn san s Dunkle zwischn
de Lippn von am oidn Mo, der redt nix mehr.
Da Hollerbuschn goidgsaamt, satt und voller Lebn,
ganz oanzäin wäike Blattl, a Ahnung bloß von Gäib,
und d Beerl schwebn kloa wia Wassertropfa
auf spindldünne rote Träuberlstrünk.
Drei Starlkobe, dann zwoa Giebe-Gsichter.
Dåchspitz mit sommerdallig traamade Kamin,
und no dahinter in da Weitn, da dunkle starke Buachawoid,
wo z hächst oanzäine Äst in Himme kratzn
wia Händt von am in Unruah gråtna Voik.
Augustwärm, Sonntågsruah, ganz säitn
rauscht auf da Straß a Wång vabei.
Schütt-schütt, schrein d Moaserl. Des hoaßt,
daß s Weda demnächst schlechter werd
und d Schwoibn fliang tiaf, des hoaßt oiß nix.
Des wo wås hoaßt, des konnst ned hearn.
Des schmeißt am Montåg friah erst d Post ins Kastl,
des trågt a Siegl von am Amt, des hoit nix auf,
des zuckt net, lebt net, håd koa Gspia,
des håd koa Fozzn, wo s d es neihaun
und koa Herz, då wo s d es treffa kanntst,
des is wia går net da, und doch frißt s Beag,
frißt s Woid, frißt d Sprach, frißt s olle Menschn
des ganze Woache aus m Leib.

Beagrutsch

Wenn s lang rengt, werd oiß nåß,
håd s Voik amoi gwusst, und es giaßt und schütt'
und pflädert endlos aus volle Küwen:
Werbetext, Richtersprüch, Zeidunga, Redn,
meerdick ogsuzlde Woikn aus Infos, Memos, Gschäftsbriaf;
in Prozessbeschreibunga, Analysn, Normen scho
oa Hirn ums anderne åbgsuffa, oiß, wås irgndwea
toa, vorhåbn oder bloß denka kon, is sauba eitrågn
in kloane Kastl, glenkt, zsammghengt,
ausgwert', bentschmarkt, gmänätscht,
netzwerkweis rennan d Expertn im Kreis,
Muiradl im Griiß vo der Briah,
und pumpn und pressn und schepfa und schwoabn.
Fäisklötz ausgwaschn,
dausnd Johr oide Red rutschad worn,
von obn her s Lebn aufgwoakt und gfrorn und
wieder aufgwoakt und gfrorn bis d Scherm gråd so purzln,
eignässta Aktnstaub, schmiersoaffadick, baazig,
nirgnds koa Weg meah aufwärts,
koa Staffe, koa Steig,
Mauern und Faatschn hoitlos,
Lettn, Lettn, wo s d hischaugst,
da ganze Beag scho im Woachwern,
gschwapplad wia s Fett vo da Wampn...
då reißt an Blizz lang a Schlund auf bis
beinah an s Liacht und vo nirgnds wo her
foid ma a frisch gschossna, um und um
bluadiga Gams direkt vor d Fiaß.

Wintaliacht

De weiße Ducket von an gfrorna Fäid:
då nei in n glattn Schnää, ins gmachte Bett,
in d Nådlstich vom Reif,
in n bleiern Neberauch,
ins koide Heazz vom Land,
in n blankn Himme nei:
broat d Arm aus wia r a Eschnkrona,
spreiz d Finga, Astl ohne Knospn,
an Mantlkrågn laß offn weit,
und Gürtl, Jackn, Hemad ...
fliag – fliag ohne Laut,
wia dorad worn und
ohne Gspür fia Weg und Haus
und Kiachaturm, fliag zua,
laß d Kraah links steh,
de weiche Hand vom Winterfrost
liegt zart auf Brust und Hois, in seine Arm
bist so wia neigeborn und ohne Angst
und fremd fia oiß, was wichtig war.
D Zeit gsprengt vom Eis in scharfe Scherm,
du trittsd need nei, sie stecha nimma
und s werd need Nacht.
Zwar san an Himme d Aung ausgstocha
und s schattnblaue Bluad rinnt übers Gsicht,
zwar riaht koa Wind an Zweig, koa Vogl
schreit, koa Astl deit', zwar is da Dunst
verflong wia s d ausgschnauft håst ...
aber es kimd ned schwarz,
bleibt hell wia Mågermili

an de Eschenschattn åwagrunna;
da Kraah,
a tiaffa Tritt im Schnää.
Da Kiachaturm zoagt auf,
Dampf wirbet vor de Gsichta,
rot wachlt weida vorn a Kinderschal,
glåsdünn håd wo a Glöcke bimmet.

St. Veit

Da Sarg voro
n Marktplåz auffe, n Himme zua.

Rhabarberrhabarber bet' s Voik,
raatschn d Fiaß.

Schwarze Käfa am druggan Stoa,
wo d Tränan platzt san.

Heisa, wo über d Schuiter schaung
und davolaffa woin.

Koa Laut meah beim Geh, koa
Zoacha, wo hi.

Styx

Dann kimst ans Ufer.
S Wasser schwarz, ois wia mid Koinruaß gfarbt,
oda wia s Aug vom Weiha: woiknnachtig, schattntiaf,
ganz unbewegt, von går koam Liacht ogschiena.
Is s då?
Ja freilich: då is rostigs Eisn,
Roiwågnschienan san im Sand vasenkt,
im bodnlosn, muffig grea verronnan,
woachn, lockern Sand.
Då drunter Lastwågnspurn,
då drunter Rost und Schleifpapia und oide Farb,
då drunter Stiefe, oanzäine, valorne,
wer umme fahrt braucht koane meah.
Jetzad an Fährmo pfeiffa.
Werd dauern, bis a kimd. Unta da Zunga
spiast s Kupfergäid schee langsam dünner wern.

Heazz Schmeazz

Ja Heazz, i woaß s: du mågst es fliagat.
Woiknsegl, Wachlwind, du denkst
an rode Näiknbliadn, reife, weiche,
wo innen, tiaf drin lila san und dunklblau
und ganz im beinah Schwarzn,
då wohnt a gäiba Blizz ...
du traamst da d Wärm vom spätn Fruahjåhr,
n Amslgsang, n Veigalduft, du siehgst, boi s d blinzlst,
d Rispn zittan obm am Hoim und gspiast,
wia s an de Wurzln kizzlt, tiaf im feichtn Bodn.
Des is mei Gartn need.
I tapp am gschliffan Pflaster, s Neonliacht
macht kaasweiß hell und ålle Farbn
zu schattnlose grelle Fleckn auf da aussern Haud.
Es is need eng. Da Stahlbeton stemmt weite Bögn,
a obrer Rand is need zum Sehng, und går koa Himme.
Da Wind is Beagwerksluft aus oide Schächte,
need warm, need koid. Då wachst nix o.
So fäih am Plåz wia d Eispapierl
und d Zeidung mid de gestring Börsnkurs
san d Kepf und d Fiaß, san d Röck und d Taschn,
san d Aung, de, flach worn wia auf Fotos, scheint s
auf nix meah passn und trotzdem dauernd d Uhr vafoing.
Kannt sei, daß de auf d U-Bahn wartn.
Und i woaß gwiß, daß koane kimd.

Fremda Grund

Dem staubign graabn Dirigentn is sei Bruin åbegfoin,
auf de Knia tappt er kurzsichtig im hoha Gräs.
Großaugada Beton voller Moos und Flechtn, s Ranschiergleis laar,
da Präibog dafeid, d Puffa zsammgrost', s Einfahrtssignal
a Loch im Himme, gschlampad zuagnaaht, a eiserne Bruckn
buckld üwa de dodn Gleisa, da Weg heard glei bei da Heckn auf.
D Knia zittern, es is eisteing in fremde Gründ.
Pizzicato de erstn und zwoatn Geing,
unruihgs Zirpn, des Land is oid, seine Wiesn san furchig,
da Frost håd de oidn Rampn dabräslt, koa Mensch
kon si so lang schaama, und need überoi warn d Eisn so dünn.
Adagio jetz d Bratschn. Hoch drom a Kraah
mit ausbroadte Flugl, ziahgt Keis um Kreis wia d Zeit säiba,
a kräftige, traurige Stimm singt gega n Strich vo den Notn,
vo broade Strassn und endlose Bahndämm, rostbrauna Schotter,
vom Dråht an de Mastn, vo winklige Amtsstubm.
Gäib wordns Papier, Seitn um Seitn voi Naman,
Tintnlindwürm, vatrocknat wia Distlstrünk.
Firm, ohne Zittern, crescendo, a gstandns Cello,
nia ham ma beim Zruckschauung, beim Biaßn, an Blick so weit
ghobn, daß ma den andern Bahnsteig, des neie Papier,
de heitign Leitunga, Listn, Bescheide, de ganze Gwoid
vo de Aktn und Datenbänk, vo de ameisnfleißign Zuaträger,
vo de neia, strichglatt hibetoniertn Rampn...
aber scho håd a s Aungglasl gfundn,
klack-klack, Schluß jetz! De reinste Kakophonie.

Haus mit Vorgarten

(1)
Då war s Haus.
Des war da Zwetschgnbaam.
Des da Zaun und d Thujaheckn.
Des is d Straß.
Da Stachedråht scho schwarz vom Rost.
A Lastwång mit vom Rumsteh
schrundig wordne Gummireifn,
und zaache oide Mena
schleppn Sandsäck.
Messa,
rostig wordne Hoizgriffmessa in
branddig trockngfoine Wundnlecha:
scho seit m vorvorletztn Kriag
koa Bluat, koa Wasser mehr,
koa Schmeazz, koa Haut.
Scho lang da letzte Schbåz vabrennt.
Scho lang san alle Krautköpf gessn,
is d Katz dafahrn.
Scho lang her, daß s den letztn, wia r a sein
Sand ausglaart und ganz irr aufglacht håd,
daschossn ham. Då war sei Gruabn.
Oder war s då?

(2)
S Haus håd lila Fensterlaadn
und an weißn Giebe.
Zentralheizung, Wasser,

Telefon, Strom, Hausratversicherung.
Stachedråht? So a Schmarrn!
Thujaheckn, Hochstammrosn.
Sandsäck? Naa wia s eahm bloß...
Lastwång, selbstredend, då häd ja
går koana Plåz.
Mena, von wegen, und Messa!
Grås. Frisch gmaahts Grås,
Grås, und nommoi Grås.
Schmeazzn? Gäh, Blädsinn, vazäih nix,
des is doch oiß lang vabei, s Lebn
a vagessne Zigarettn, Aschnflockn,
weiß, grau, Wundnlecha,
gäh des war doch bloß,
und scho lang vabei,
Gruabn!
wo doch d Feiawehr eh
ausruckt und rett und rett und
koana kimd aus.

Lethe

Koa Winter meah, da Wind
is muid, need z feicht, need z drugga,
riacht leicht nåch Gruft, des ko ma gwehna
und s Fahnatuach nickt gstarrad „ja".
Koa Morgnrot, koa Sunna, da Näbe
grea wia Woid und Wasser,
koa Schimmer in da Luft.
Beim Niederknian am woachn Ufer
wead d Hosn nåß wia vo wem andern,
a Kruag aus Händ' (wem seine?)
schepft und schepft, des wascht und sickert
d Gurgl åwe und kimt nirgnds o.
A schwarzer Vogl (oder bloß sei Schattn)
broat' langsam d Flugl aus, zäiht seine Federn,
er macht n Schnåwe auf und zua
und zua.

Märzschådn

D Schnäähaiffa san gschmoizn,
da Bodn is aufgleint und woach,
Krokus bliahn im Gartn, im Woid san
d Josephibleamal heraußdn, da Huflattich,
d Himmeschlüssl, da Lerchasporn;
d Wiesn wern schee staad wieder grea
und d Eschn ham nußdicke Knospn.
D Luft is voi Voglgschroa, z höchst
aufm Dåch von seim Kobe hockt da Starl
wiara Fürst auf de Zinnen und krachzt si no oans,
bevor s ernst werd mim Fuadasuacha fia d Bruat.
D Kazz stroaft n Winterpäiz åb, schwaare Zeitn
fia n dunkln Anzug, aber d Wärm schliafft
unter d Westn und treibt n Wintergrant aus:
schee, daß s di gibt, Wäid! Und wenn i
nimmer dabei waar, gang ma direkt wås åb.

Was i sågn wui: es kannt schee sei,
går need gnuag drüwa redn kannt ma,
so vui Buida im Kopf, so vui Pläne fia s Lebm,
d Hoffnung flattert voraus und da Rucksåg
voi Enttäuschung wiegt leicht, März is s
und auf geht s, s Jahr is no lang und da Winter
is so vui vabei, daß ma n går nimma ernst nehma ko.

Schåd, daß i koa Zeit håb dafia. Termine.
Wenn jetz, in der Wocha, des neie Produktsystem
need fertig und Haftl fia Haftl und Knepferl fia Knopfloch
genau ausdenkt und åbgstimmt is, wenn ma need in da Frist

d Idäen zu Buidl gmacht und an Computer voi Daten ham,
wenn ma s need draahn und herziahng, innen und außen
begreiffa, need trenna und fügn, mi m eckadn Hirn
leicht gnuag um d Reibn glanga, wenn ma
des oiß need guat gnuag ins Liacht stäin
und aa no vakaffa kenna, ... des Kloanste wenn
schiaf gäht, dann ham den Auftrag d Kinäsn
und mia schicka d Leit aufs Arbatsamt. Den Neibau,
wo ålle drauf wartn, weil ma s lang scho vui z eng ham,
den kema vagessen und s Schlimmste: da Markt
verlafft se, geht mit de bessern då hi, wo s Gäid is,
und mia tandln mit oiwei kloanerne Schreiwal
in oiwei dünnerne Blech.

Was i sågn wui: ois Teil vom Getriebe
kenn i koa Märzluft, a Gschäftsjoah håd
zwoarafuchzg gleiche Wochan
und hinter jedn Termin ståht a endloser Winter.
Då flattert nix fiare, då gibt s nix zum Redn. A Plan is a Plan,
der werd umgsetzt, Blech bliaht net, Schraubn treibn net aus,
und obwoi ma Schräuberl net fressn kon, miaß ma s
draahn, daß ma lebm. So schaugt s aus.

Schåd, daß d need auskonst. Märzwind
in dausnd Städte, Leit demonstriern gega n Kriag,
mid Fahnan voraus und an Rucksåg voi Angst.
Endlich da Schnää gschmoizn, da Bodn is woach:
schee, daß s di gibt, Wäid! Überoin wern s
jeden Dåg mehra, Leit, de wo lebn woin und was
toa woin dafia, Leit, wo se quer stäin:
koa Sach is so wichtig, daß s an Heldentod wert waar!

Sogar Staaten stäin se auf d Seitn vom Lebm.
Håt s wås gnutzt? Wenn da Wäidmarkt a Straß braucht,
gråbt da Bagger an Berg weg, und wenn da Maulwurf
no so a Faust macht. S Lebn is nix wert.

März is s, d Wärm schliafft unter d Westn
und treibt n Wintergrant aus. Da Starl auf seim Kobe
krachzt wiara s ko, er woaß net wia morsch daß
sei Stangerl scho is, drum hat er koa Angst.
Himmeschlüssl und Lerchensporn bliahn auf
da Baustäi, da Scher grabt sei Häiffal direkt
hinterm Bagger, mia gebn ma need auf.
Schee is s. Und schåd is s.

jw 2009

Portraits

Kleine Komödie

Kurt Wilhelm, 13.10.2001

In d Requisitnkammer, staubgrau,
spinnwebschieder, aussegestäid san
gschlampert gfügte Lattl, Rupfa, Stangl,
spröde Leimfarb, rissig, stumpf wordn, blaß.

Vo dene oidn Trümmer warn manche
für a Stund amoi a Scherzl Wäit, der Plåz,
wo d Angst mit Schmeazz und Hoffnung
um s oanzig wahre oamoi Dasei kämpft.

Durch an Spoit hearst jetz vo drin s Theater,
Schrein und Flüstern, bruchstückweis, und im Parkett,
ganz nah, is s Voik, wenn s d mögerst,
kanntsd gspürn, wia s horcht und barmt.

Ja ja freile, glanga tuat s natürlich
mia fuada ma s mit Packerltext.
Hauptsach, sie schmatzn, schlucka,
schlutzn, gluckern, gicksn und san zfriin.

Hear i då Luckan im Gelächter?
Is s da Geist, der wo am Stecka geht?
Merkt s wer, wenn bloß, statt Schmeazz und Hoffnung,
a Kulissn, graab und rissig, draußdn stäht?

Schau Spiel

Rita Hackmann, 30.7.2001

Soizburg im Sommer, Rita, des knistert wia d Blaserl vom Sekt,
kling-kling, mei so warm, so leicht, dei Blusn, dei Rock so blau,
herzerlrot lacht dei Mund, deine Zähnd funkln feicht,
so schee is s im Sommer, so leicht, wia da Taubnflaam fliagt –
ah s Lebn, Rita, s Theater, in Linz, in Soizburg,
ehrlich? a Roin in Dortmund? sag gscheit?! so lafft des,
so leicht und poetisch, im Tanz von de Elfen Komparsin
und bei de fröhlichn Zecher im Wozzeck dabei, leicht
wia d Blaserl im Sekt, kling-klang, dei Hand, dei Arm, dei Haud is
so rosig wia Äpfebaambliah, da Rocksaum, dei Lacha,
herzerlrot gfreist di, da Taubnflaam schwebt, poetisch, und nah,
ganz nah is as Lebn, Rita, spui s Gretchen: då is mei Hand
und jetzt ziahg, dann bin i zum Rettn! So herzhaft
dei Lacha, so schee is da Sommer in Soizburg,
i wer d Kritikn lesen und wehe sie schreim nix! – Poesie, Rita,
s Lebn geht komödiantisch, d Kunst knistert, da Sekt, kling-klirr,
herzerlrot deine Lippn, so a leichter, leicht feichter Schimmer
auf deiner Haud, weit is dei Blusn, schwül is da Åbnd,
da Taubnflaam sinkt, as Glück und s Theater,
a Gspui nebn de Worte. Sommer is s in da Kaigass,
d Nacht is a Deckn, blau über uns, rätselhaft blau
wia tiafs Wasser, wia dei Rock, wia da Schattn vom Haus,
wia Gstoitn im Streit, Rita, und rosig und feichta Schimmer,
so lafft des, a Spui is s mit Worte und ohne, es knistert,
patsch-klirr, nah, ganz nah is s Lebn, herzerlrot
is aa s Bluat.

Scheiter Hauffa

Eva Schneider, 13.12.2003

Scheitl fia Scheitl schichtld i auf,
astige, krumme Prügl, harzig und zaach, und
kantige, pfeigråd glatt gspoitne Stöckl,
leichtgwichtig draahte, gfransat vazogne
Pappepflöck, hågelbuachene, krumme,
boaharte Brockan, oachene Blöck, wo di
vom Sehng scho dadrucka ... in jedm Scheit
håd Jahrring fia Jahrring a Baam glebt,
Frost glittn, austriebn, blattlweis liachtgreane
Dacher gspannt zum Sonna-vom-Himme-Fanga,
hoasse wiaste truckene Sommer lang um s blanke
Leebn barmt, koide, schliaffade, trostlose Herbst ...
jeds Scheitl håd glebt und jeds måg i und tråg i
und heb i und ruck s an sein grechtn Plåz und z öberst
mi säiba, brenna soid s, jeds Scheitl håd wäh to,
Kantn ins Fleisch druckt, gstupft mit gspitzade Spaan,
zwickt und quetscht und hundsgemein scharfe Schiefern
tiaf unter d Haut grennt, brenna, in an unbandign Feia,
weißgliatig himmehoch aufsteign soi d Flamma,
und ålle, ålle soid s warma, weitum soid s scheina,
brenna, den ganzn Ster Scheiter in an oanzign,
unendlich hoaßn Seifza vaschwendn
und gliahn in da Hitz, im Gflimma
rot leichtn aus an sterngäibn Heazzn
und nia, nia meah aufhörn,
nia ausbrennt ois weißs Häuffal Aschn
windweich, durchsichtig durch und durch,
zruckbleibn.

Kleinkunst

Ernst Jani, 20.05.2005

Såg amoi, woaßt eigntlich wia dünn
daß de Bredl san, wo si d Wäid åbspuit drauf?
Und du mit dein Übergwicht tanzt drauf mit Hummeflügl,
dei Überstimm schickt Zentnerlastn zum Ausschwärma,
deine Augn roist, daß aschngraue Seelenkrater weißglüatig
in Glachter ausbrechan, mit wås, frag i,
woaßt du eigntlich mit wås? – Woaßt, wia dürr d Seitn
san von de Biacha, wia da Papp bräslt, wia leicht
d Wörter danebnsteign bei da Zeiln, wia sa se eikräun miaßn
an Lineale und Schuizeigniss, woaßt, wia bitter da Gallapfe is
und wia wasserig d Tintn draus, wia fliagat d Gedankn,
wia dunkl daß d Buider, wia fern daß d Idäen san, wia deppert
da Zuafoi walglt, wia blind daß d Augn wern im Finstern,
wia dorat d Ohren im Gsurr, wia schmal da Ofa und
weit da Winter, wia eng da Kopf und vawicklt d Liab,
wia schneidig da Zorn und weich s Wasser,
wia groß da Plan und kloa d Schaufe is,
woaßt, wia d Angst riacht, da Zweife,
de obrennte Mili Guat-Gmoant,
wia da Spott ranzlt, wia d Verachtung beißt,
kennst den koitrauchig åbstandna, graablatn Mief
von an Ameisnlebn untern Teppich und de
aufsteigade Maiglöckerlfrischn vom Friahsommerliacht?
Wirklich wia r a Amtsgricht und leicht wia r a
traumdallig vaspunnas Menschngspür siehg i di
auf de dünna Bredl steh, sie biang se need durch.

Dichter

Gerd Holzheimer, 18.05.2001

Oranschnsaft Glasl Glasl
Wasser Glasl
Pils Pils Pils Glasl Glasl
Wasser Flaschl
Weißbier Glasl
Vorstäi Gschichtl
weil ma doch wissn woin,
riaschl-riaschl, wia de denka, de wo, und
wia s schreim, wia s redn, wås s wissn, wås s woin,
aber ma miaßad doch –
des kon doch no need
ma miaßad wiakle,
und wenn
koana meah redt, red i oiwei no, weil
schuid is
schuid bin
Wörter, Wörter, Biachl, Biachl,
schuid seid s, schuid bin, schuid is
Sprüch, Sprach,
gsammete Ansprüch,
Ansprachsteller, Sprechsteller, und dann eascht
des Nonverbale!
Litera...geh !
Es geht,
es geht doch wiaklich
um s wiaklich woaßt scho.

Wanderer

Harald Grill, 30.05.2007

Mittn im Lebm is aufamoi Kriag.
Baam fia Baam mit zehna Neegl an Woid zäiht,
glernt, daß ma gega n Wahnsinn need gwina kon,
egal, mit wia vui A er si schreibt.

Hoamkema, mit zwoa Fiaß, immerhin.
Aber im Bodn koa Hoit meah, wer sein Feind
amoi kennt, siehgt n überoin, wo er is
und hoit n in koana Montur meah lang aus.

Weit furt und vo weit weg wieder hoam.
Ruah gsuacht und neidig de Schmettaling
zuagschaugt auf Wiesna, wo nemdro
am Roa scho d Maahmaschin lafft.

Stoana gfundn, wo überbliem san.
Spurn im Grås, Schritt vo Hausdia
zu Hausdia, in Marmor gmoaßlte Irrtümer,
und mit vui Glück amoi s richtige Wort.

Karikatur

Hans Göttler, 05.07.2008

Stiergnack. Metzgaschädl. Aber s ärgste an dem Buid:
Der Unterkiefer! Ja sågz amoi, wås glaubz denn es?!
Da Hof a Sonnagstöber, so voi Liacht,
so unschuidsweiß, so tränkt mid Rosnkranz
und Großer-Gott, da Saal so feierlich, so fern
von Kaiweziahng und Bluad und Gschroa,
so geistausgweißlt himmefrisch, so weit
und üba m Kopf so reichlich liachte Höh –
du woaßt es doch: Silentium! Und wia s de Lausbuam
zwiefet ham und wia dressiat, wia s Gleichmaß gübt,
wia s um und auf des Grechte gsuacht und gmacht
und baut – kurzum: du, wo s d es woaßt,
wia hoch daß Geist und Gscheidheid glanga,
wia weit s von då dann no in n Himme feit,
du, wo s d aus gschriebne Wörter
lang Vagessne aufsteh laßt, mid ana Kraft,
daß d Treppn zittad, mit donaubroatn Wörterstrom,
wo s d (wenn s d da zuahörst), woaßt,
wia satt dei Stimm in Ritz und Winkl dringt,
du Klosterhof und Zwiefeturm, du Berg von Leben,
wås glaubst denn du, wia s d ohne Metzgagnack
und Gastwirtschädl und ohne so a Kraftwerksgoschn
der sei kanntst, wo s d bist?!

Wasserkraft

Peter Waterhouse, 01.06.2008

Hammermuih, Wasserradl, Buidastrom, Wörterbuid:
Wasser, mei, woaßt scho, woaßt need – es plätschat,
platscht, spritzt und pritschlt, dann tuscht und tripfet s
und sei unbandig feingspitzta Kopf schliafft überoin nei –

Haus, drinn und drauß, stoagmauert, hoizzimmert, koichgweißlt,
feichta Beton im Keller, gstockte Matratzn, fia wäichas Wort
stäht då da obrandlte Schuah? – Weiß is da Hemadkroogn,
braune Krawattn, Birn hellrot, Schwizz farblos, es rinnt –

Rinnt, Haferl undicht, miahsam da Loahm, und brennt,
woaßt, mid buachana Gluat, hellrot, fast gäib – um wås
geht s denn? Hoaß da Himme, feingspitzte Gedankn,
schwarmweis suibrige Staunzn, d Sunna scheint seiderne Faadn –

Und dünn wia da Dunst in da Weitn, dünner wia Spinnweb,
wia Zeidung, wia da Augnspoit boi s blendt, wia da Sprung
in an Glasl, da Fuim untan Buidl, åbtriebme Mili, Semmetütn-
Papia – is aufamoi Dienstag, san d Kornbluman kratertiaf blau.

Orgl Bau

Georg Hörmüller, 27.01.2001

In de richtig schwarzn Winternächt,
wo koa Vogl an Schnauferer tuat,
koa Wassa tropft und koa Wind gäht
und d Zeid hart und miahsam
zwischen de Muihstoana knirscht,
heard ma manchmoi de Oidn
eahnane oidn Gschichtn, eahnane oidn Briaf
und Dokumenter, den oidn Streit und s oide Sach suacha,
ganz wiaflad san s, d Weiwa belfern wia r a
Spannsaag wenn s in n Någl schneidt,
d Manna granan wia Wiagsaagn im oachan Hoiz,
s ganze Gwerkad is wia in ana großn Kiacha
a Orgl, bevor s as Spuin ofangd,
aber da Ton, da große, trågerte, aus ålle Register,
dea wo kema miaßad, daß se s derlöst,
dea kimd need, den gibt s bloß im Kopf,
im Bluad, in de Ådern, im eigna Ohr.
Manche Leit wohnan in Heisa, wo s d
need amoi des hearst, arme Leid in reiche
Betonheisa, wo need amoi s Raischpan drin is
vor ana Gschicht.

Denkmoi

Jakob Pürtinger, 07.10.1994

So häd s da Schnitzer gschaffa:
Zwoa Gsichter, zwar anander zuagwendt,
aber trennt von knapp an Tisch broat nix –
da Jack und d Zenz.
Aus håglbuachan Hoiz
de tiafn Züg in grobe Schoatn
vom Oita aussaghackt
und sägleimweis de feinern Foitn gstocha
mim scharfn Griffe Schmeazz.

A heiters Buid: weil d Richtung von de Lippn
deidt zweifesfrei a Lacha o
und in de triabn Augnspoitn
glenzt oiwei no a lebhafts Liacht.
Und doch need aa:
Der Blick is eiwärts gricht',
auf ewig scho vergangern Sommer und weider zruck,
auf Äpfeblüah, von der ma no need woaß, daß s gfreat.
Derweil de gstarrat wordna Finger auf da Ziach
um s Kenna nåchehinka.
Da Zwieklang von de hoha Töne
kimmt scho aus ana andern Wäid.

Portrait

Martin Wittmann, 27.04.02

So liegt a Klaubstoa neba m Acker.
Da feine Schliff scho lang verwittert,
vom Frost dafurcht und bleicht
von Erdnstaub und Reng. So schwaar, so unbeweglich,
oagseitad diaffa gsunka, einfach då,
ganz ohne Absicht, ohne Zweck,
und need amoi de Arbatsstiefe vo irgendwem im Weg.
Wås soid er sågn? De oidn Augn
sehgn hinter Spinnawebn a ganze Wäid,
de s fia koan andern gibt. D Erinnerung
hat Schåbnlöcher, wenn er an Fåden findt
is stücklweis no fests Gewebe
und plötzlich wieder nix mehr då – wås war des bloß?
Für wås soid s guat sei?
Warum foit ma der Blädsinn ei?
Koa Krokusbliah, koa Biena,
Farbnfleck wo ohne Sinn
ganz gfährlich aussastehnga
und verschwindn, nia kumma s zwoamoi gleich,
damit ma s kenna lernat, sie narrn a n bloß.
Gspürt a no d Wärm, wenn d Sunna scheint?
Tappt er scho tiaf im Schattn
von oide Kellermauern
unter Städte, de seit m Kriag scho zsammgfoin san?
Was riacht a dort? Den Strauß Spiräen oder
an Lagermief voi Angst und
gfrorna Dünnschiß, unkenntlich oid?
Ma kon an ruaffa. No kumt a zruck.

A dankbars Ja huscht durch de stoanern Foitn
und aus am sandig triabn Weiha daucha d Aung
an kurzn Blick lang auf.
A Dropfa wandert ohne Absicht
langsam übern Backa auf de
dadürrtn Lippn zua.

Seppei

Josef O., 14.02.2008

Kampfen, ranggen, Buamazwist,
wuide Deifin, Haxn, Fäust,
a Schui voi Angst und Überfoi
und går koa Ehr.

Grischpemanndl!
Hungagspenst!
Boandlgripp!
Jesusbuabal!

Dann is Langeswind und Äpfebliah
und daß d fei gschickt bist
boi dann s Bienerl kimmt.
Aber Loch im Bodn.

Blindgänger!
Baubaraber!
Hinterdruckter!
Spuivaderber!

Haus dahoitn, Bleamal pflanzt,
doch no gheirat, aussagschaugt,
hättst hoid redn soin, mit uns.
Håst ja nia was gsågt.

Dea håd s doch eh guad ghabt...
Wås in so oan bloß...
Nylonstrick...
Und im eigna Haus...

S Loch im Bodn is oiwei då gwen.
Aber jetzad siehgt ma s erst.

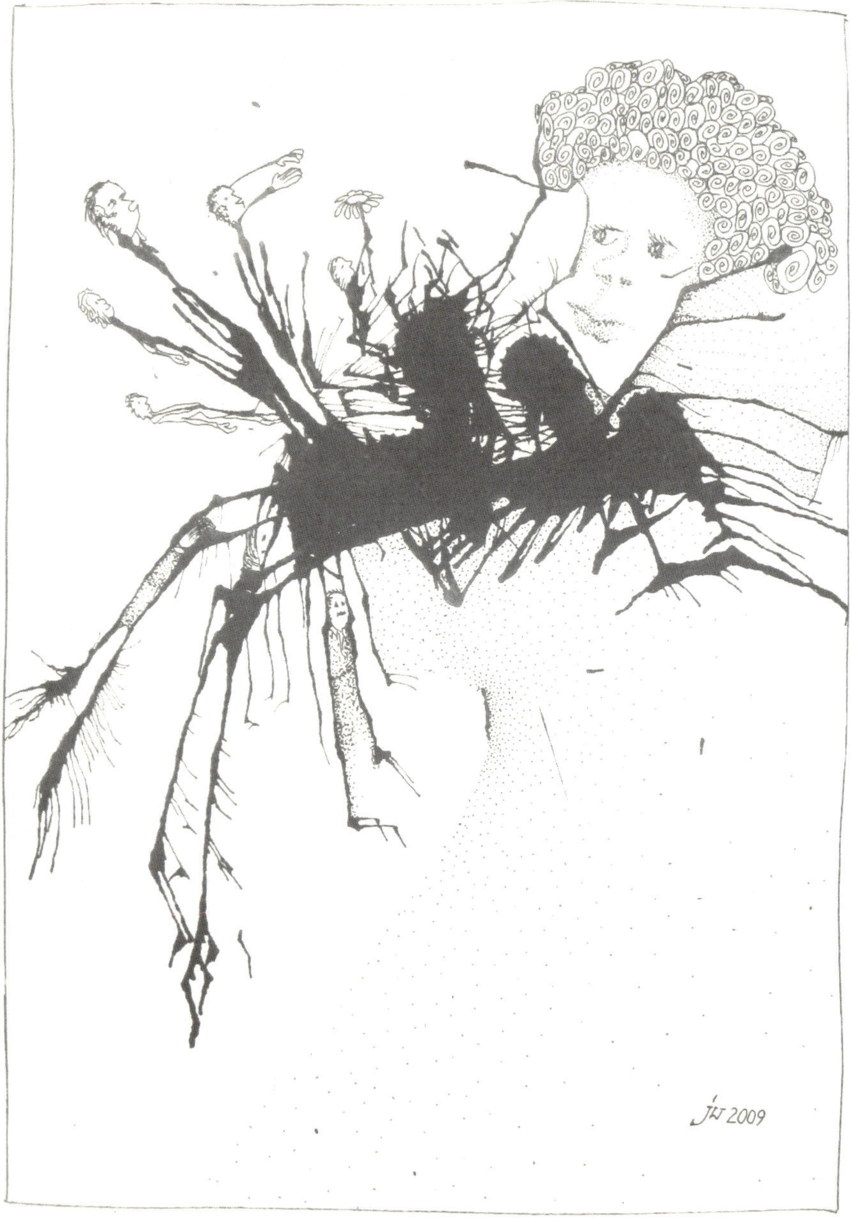
jw 2009

Stübegschichten

Issi

Vo de easchtn drei Jåhr såg i nix, Issi,
es war a depperte Zeid, in da Schui ham ma
Sexus – Eros – Agape glernt und
Angxt håb i aa ghabt,

awa nacha, woaßd es no, Asamklamm:
wo scho oiß gredt und klar gwen is,
wo i scho zuageem håb, daß i bläd war
und gsågt håb, daß i di oiwei no vo da Weitn

am Geh scho kenn und rote Oahwaschl
vor lauter Freid auf di kriag, und s Gsicht
in dein Schoß glegt håb, wei de Nåsn voi
Soaffa, Haud, Feichtigkeit, Himmereich

oiß eischliaßt, wås i gwünscht, traamt,
iagndwo undeitlich hinta da Unruah von
de deppertn Jåhr woin und endlich jetz ghabt håb,
stehst auf und sågst, des håd oiß koan Sinn.

Anschi

Dei ganzs, kurzs, traurigs Lebn håsd ma
erzäiht ghabt, Anschi, du warst fuchzehn,
i dreiazwanzg, da Gsäi von
dem Bäcker wo s d glernt håsd,
håd da gråd zoagt ghabt, wia s gähd, aber
der Saubär håd da bloß weh to, de ganze Zeid
håb i dro denka miaßn, du håst im Chor midgsunga,
dåmois, und hernach mit ålle beim Pfaubräu,
deine Aung san an mia ghängt ois waar i magnetisch,
i håb des Buidl need losbracht, und wia r i naus bin,
håb i a winzigkloans Zeichn gebn, Anschi, d Minutn
drauf warst scho då, mia san in des dunkle Eck
zwischn Baam und Mauer, dei Zunga håd koan Zweife
mehr lassn, Gürtl und Hosnknopf håsd ma gschenkt,
du warst furchtlos, mei Hand håd oiß deaffa,
dei Furchn war warm und unbandig glatt, aber dann,
mit da Hosn auf Hoibmast, ganz schutzlos
in da vui z hellen Nacht, is uns schiach worn,
samma ohne a Wort nåchanand eini zum
Händ waschn, de rotn Kepf kühln, ganz lang
ham ma braucht, bis ma uns lacha traut ham.

Bianca

Oiso, wenn ma Reindl hoaßt, nacha
hoaßt ma need aa no Bianca, aber des
war need s Schlimmste, deine
gschneckladn Hoar warn wia de
vo meiner Muatter, deine Aung warn
lustig, aber um d Mittn rum warst
eher wia d Tante Paula und mehra wia
d Waadl håst aa nia herzoagt, woaßt
vorgstäid hätt i ma so wås wia
d Sonja, sakkra, då is ma beim Hischaugn
scho s Mai drugga worn, aber du
warst hoid über, und wia gsågt, deine Aung
und überhaupt, Tanzstund, håb i ma denkt,
is need so wichtig, manchmoi war s nett,
und wia s d da beim Hoamgeh mein Arm
um dei Schuita legn woitst, bin i
richtig dakema, woaßt du warst eher
wia so Verwandte, hoid einfach då,
und daß d ma ... Bianca, wenn i des dåmois
bloß gneißt hätt! Aber ja freilich
hätt i da nachad aa... aber so war s hoit
nix und de ganze Zeid seitdem
denk i ma, s beste håb i vasaamt.

Babsi

Ehrlich gsågt, Babsi, fia mi
warst du s Groupie, nia, ehrlich nia
hätt i ma irgnd a Schangs bei dir
ausgrechnat und dei Kufferl voi Habseligkeit
hätt i wirklich an jedn nåchgfahrn, i håb ma
då ehrlich nix denkt. Aber dann war
dei Zimmer dermaßn furchtbar und
wia s d neba m Bett gstandn bist wia da
Jammer persönlich, håb i di einfach
in Arm nehma miaßn und d Aung trocknan
und mitnehma, bloß einfach furt, daß ma
furt san. Du bist wiara Kind gwesn, Babsi,
beim Neiwirt d Forelln warn går nimma wichtig,
du håst glacht üwa oiß und a Freid ghabt und
ohne Umständ håst hernach am Parkplåz
dei Gwand åwegstroaft und oiß herzoagt,
wås d håsd, dei Päizerl war so was vo fein
und so eng wia s aa war aufm Rücksitz vom Fiat,
rosarot war s Paradies und gråd, wia r i
eini woit, siehg i de Bluadlacka am Bodn,
der sakkraments Glåsscherm is schuid gwesn,
ehrlich, Babsi, an dir is s need gleng.

Gabi

So wås von Nacht gibt s need oft
im Leem, Gabi, warm wia da Südn säiba,
da Mond håd im Sää seine Foitn zäihd,
Büsch und Bleame ham bliaht, umadum
kniatiaf Parfüm, d Nachtveegl voller Unruah
da Woid knistert und spannt, total windstaad,
mia zwoa woach und mürb an da Hauswand,
scho zsammgwachsn, scho s Gwand foin lassn,
scho d Haud auszohng ohne Angst vorm Wähtoa,
d Händt und d Zungan scho überoin blind dahoam,
scho koa Zaun und koa Hoitauf meah, d Luft oghoitn fia s
ganz große, ållerletzte Stürzn, scho mid de Finger ganz leise,
då sogst ma, bitte tua s need, bitte ...
Mund und Bauch und Schenkl, wiaklich, Gabi,
wia r a Erdrutsch, und du sågst naa, und i Depp
håb da s glaubt, glaubst es, es Weiwa macht s
oan oiwei wieder zum Affn.

Hilde

Im Vorzimma vom Schef warst a Institution, Hilde, über
s Geburtsdatum naus hätt i da nia wås Privats varråtn,
aber nåch n Ausstand vo da Firma håb i di
zu da Trambahnhoitstäi begleit', du håst mi so
durch und durch ogschaugt, daß i schier ausanand
grissn bin, auf mein zaghaftn Deita bist ma sofort
um an Hois gfoin und dei Bussl war a Einladung
zu oiß, wås d Wäid umdraaht. Oiso håb i di druckt
und åbtappt, dei Fud war wia Schmoiz und
zum Überlaffa voi, du håst zuckt wia elektrisch,
jetz und jetz auf da Stäi hätt ma uns nehma
und gebn und håbm miaßn, aber wo, då in da Ståd?
Auf Hotel warst ma beinah beleidigt, zu mia hoam
woitst ma need midgeh, d Isarau war baazig und z koid
und unter da Bruckn wars dreckad, daß d Ratzn
as Speim kriang, i bin mit dir bis zur S-Bahn,
då bist eigstieng und weg, wås hätt i
denn toa soin, Hilde, wia Winga,
des war unser oanzige Schangs.

Dings

Tuad ma echt leid, Dings, i håb dein Nama vagessn,
du bist üba mi einabrocha wia s Gwitter im Mai,
ehrlich, ob ma nix bessers eifoid wia sauffa,
håsd gfrågt, dawei war i eascht bei da drittn Hoibe,
und i håb di ogschaugt und grinst und gsågt: schooo!

Du håst s Soizstangerl ins Mäi gsteckt und i
håb gwußt, wås i toa muaß, dei Zunga war kloa,
aber flink, und kaum, daß is gwöhnt war, frågst,
ob i koa Bett håb und då håb i sång miaßn: schooo!

Es håd grengt, draußdn, hoffntlich siehgt uns neamd,
håb i ma denkt, dei Hand war fest in da meina, dei Blusn
zua, aber vasprocha, weida håb need denkt, s Liacht im Hausgang
war glanzlos, s Schlafzimmer aa koa Palast und bis i d Foitn
vom Überwurf glattgstricha ghabt håb, warst scho nackert,
ob i jetz nimma måg, håst gfrågt, då håb i gsågt: schooo!

Du bist aufm Bett gsessn wiara ewiga Wunschtraum,
aber zuawegschloffa wia r i bin, war i krumm und
ausglöscht vor lauter Blamasch, oiß was i oglangt håb
is fremd gwen an dir und wia s d gwoant håsd, war i
a austrocknata Soizsää, durch und durch bitter, i glaub,
i håb di später no amoi gsehng, aber sicher bin i ma need.

Helga

Helga, hä, woaßd es no: im
Vauwekäfer nåch m Oktoberfest? I glaub
mia ham häxtns oa Maß ghabt mitnand,
aber lustig war s, Riesenrad såg i bloß,
so a Gaudi, und nah aufamoi dei Schuita und
am Weg zum Parkplåz überoi deine Händ und dei Mund,
d Nacht is no z jung zum Hoamfahrn, håb i gsågt,
du warst woach und warm und håsd so guad grocha
und so liab glacht wia r i da d Hosn aufknepfed håb
und eazäid vo de Gschwista und Tantn, Kusinen,
vo de Kinda wo s d säiba håm wuisd,
d Scheibn warn dick ogschlågn,
da Nebe is wieder hellgrau worn,
du bist ja ganz schwarz, håst gsågt, Helga,
dei extravagante Duftnotn war Stauffafett,
gottseidank, håb i ma denkt, bin i jetz
blos in d Wångschmia neidappt.

Liesi

Leck mi am Buggl, Liesi, so an Durscht,
Bussl fia Bussl håb i einfach need gnua
kriagt vo dir, mehra, mehra, mehra,
i håb doch oamoi scho greiffa deaffa wia
weich und diaf und wia s d zittast
am ganzn Leib und ausgrechnat då
is d Tia ganga, draußdn, um Gotts Wuin,
da Markus, ganz hoizern bist worn,
jetz renn: dritter Schdog, Balkonglander,
bluadiga Gams, Liesi, jetz is oiß aus,
wenn i jetz need sofort ... weich und feicht,
wenn s d woaßt, wås i moan, aber
åwekema bin i, fråg mi need wia,
so nah beim Tod wead s Leebn
unbandig zaach.

Biwi

I mächt bloß, daß d nix Schlechts denkst
vo mir, fia di bin i ja eigntlich
går need schee gnuag, und wia s d du
reedn konst, do wead ma ganz
anderscht, i schmuiz wia s Eis in da Suna,
du, und d Pille nimm i fei aa,
då brauchast nix fiachtn,
in deim broatn Bett mächt i,
du håst ma s vasprocha,
awa unta da Zuadeck,
kum laß des, ausziahng tua i mi säiba,
und beim Liacht gäht s scho glei går need,
du need då, då bin i doch
kizlig, und då umma,
des måg i aa need, då bin i vui z dick,
jetzt kim scho, tua weida,
naa hoit, laß mi, hear auf,
i glaub i måg do need, guat,
daß d es gsågt håst, Biwi, sunst
hätt ma wadscheins gstrittn aa no.

Heidi

es war – mei freile war s schee
mid dia, Schiawa danzn, Heidi,
Schuifasching anno ... Jessas naa,
so lang hea, es war – aufgregt war i,
dei Gsicht håb i gspiat am Hois und nia
bist so nah gwen und so an mia ghängt
und nix håd di drausbråcht, mei
Hand need, wo gsuacht håd, wo eppa
s Kleidl aufgang, mei gschdochas
Gschau need und mei gspannte Hosn,
unmöglich, daß d des need gmeakt håst,
und wia d Musi na aufgheat håd, samma
beinand gstandn, hoaß war uns und ernst
und auf an Schlåg klar, mia san koane
Kinder meah. Dann war Pause und
zwanzg Jåhr schbäda håsd gsågt, koan
håb i no amoi so woin wia dåmois di.

Irene

Mensch, Irene, du warst eimfach
de Wahnsinns-Frau, wia s d du scho
graucht håsd, des håd einizong
wia magnetisch und so war oiß an dia
und eazäid wenn s d håsd vo de Zeitn
wo s d Barfrau warst, Tänzerin, Separée,
wås ham ma glacht, wia s d de oidn Widerling
s Gäid aus de Taschna zong håsd,
vabei und neis Leem und oiß, eh klar,
awa oamoi no, Mensch Irene, so grob
waar i doch aa need und wås laag denn dro –
guad des war ungschickt, då håsd scho recht,
und mid naa håb i sowieso grechnat,
und daß i da z langweilig war, guad,
siehg i ei, awa „naa" sång, „kim Burschi vagiß des",
Burschi, Irene: ja såg amoi, bin i dei Hund?

jw 2009

Märchen

Märchen I

Von da oidn Zeit

Da Dracha håd s wieder moi arg triebn:
d Viecher vo da Woad gfressn,
Heisa umgstessn, kaam daß s fertig warn,
Kinder datrampet, wenn s zum Spuin ausse san,
in Brunna brunzt, mehr Schwefe wia Wasser
und Wind' lassn, daß d Fliang
tot vo de Wänd' kuglt san.
De scheene, schnääweiße Brinzessin
mid de ebnhoizschwarzn Hoar und
dem herzign Mund wia friahreifer Apfe,
mid Augerln wia s Glänzn vom Woidsää im Herbst,
håd redn woin mit eahm, aber
nåch drei Tåg im Drachanest
is s ois gfoitade, kitzgraabe,
uroide Schremsn zruckkema, de eigne
Muatta håd s bloß no am Hoisketterl kennt.
Jetz glangt s, håd da oid Kine gsågt,
den längstn, schneidigstn, bestn Saabe zogn
und drei Tåg und drei Nächt lang zuadroschn,
bis bloß no Fetzn då warn, aber aus jedn
Fetzn is glei wieder a neia Dracha gwachsn,
jeda greislich wia r a Finanzamt, und ålle
ham s Gsicht vom Kine ghabt:
Augn rotglüatig vor lauter Wuat
und da Haß broad und tiaf gnuag
fiar a neis Jahrhundert.

Märchen II

Von da Gleichberechtigung

Da oide gfoitade Kini
schaugt in sein Handspiagl und
tuat si leid! Oiwei i!
Oiwei i håb ausse miaßn,
wenn da Dracha gwüat' und wenn
da Feind s Reich bei da Gurgl packt håd,
i håb nach dürre Jahr de bessern Trümma
aus m Schatz in andre Reiche trågn und
bittn miaßn, daß d Bauern Woaz zum Osaan kriagn,
i håb mim Saabe fechtn und
mit glasschermspitze Redn an Schranzn
d Larv vom schiafn Grinsn fetzn miaßn,
i håb über d Lindwürm ålles glesn und ganz alloa
entscheidn miaßn, ob de fia s Voik zum Fiachtn san,
und sie? Håd need amoi im Himmebett
de weiße Fahna tragn!
Mei Voik singt trotzdem
ihra d Hymnen
und fiacht' si need vorm Untergang.

Märchen III

Vom freien Wuin

Da arme oide Kine
håd zuschaung miaßn, wia da Dracha wachsd
und sie håd eahm Krona um Krona aufgsetzt
und d Schranzn am Hof ham grinst über eahm.

Då håd da oide Kine an Riesen Frust gschobm.
Bevor er si aufhenkt, håd er si denkt,
nimmt er s Goid und Brillantngraffe
und kaaft si a neis Reich.

Wahrscheinle håd er si z lang need entschliaßn kena,
wås fiar a Kenigin besser zum Håbm und wo da Dracha
leichter zum Stecha waar, jednfois ham s eahm
d Schatztrucha krampfet und hoamkema is a mit nix.

Wenigstns brauch i koan Kriag nimmer fiahn,
ohne Kasse, håd er si denkt, da arme
oide Kini, und n Strick weggraamt:
jetzt dauert s eh nimmer lang.

Märchen IV

Von da Wissnschaft

Da vatrottlde oide Kini hockt
auf m hartn goidan Stui und krait si ei,
da Buggl is rund, da Hois kurz und
da Kopf hengt vorn über wia åbghackt,
rot is sei Mantl wia s fette Bluad,
blau is da Reif am Fensda vom Heazzn,
grea wia s kupferne Dache vom Schloß
und bitta wia Schlehanhaud ständ eahm
sei Lebn voi valorne Schlachtn
bis zum Hois. Er håd gnua.
Wenn no endlich a lebfrischa Brinz kaam,
gäib wia s Feia vom Blizzschlåg,
und machert a End!
Und an neia Anfang! Aber
d Schranzn stehnga mit lila Kepf
gstopft voller Aktnstaub rum und
a ganz a gscheida Professa liest
aufs Prozent genau vor,
um wia vui s Blaue vom Himme in
de letztn dreißg Jåhr schwärzer worn is.

Märchen V

Von da Buidung

O mei Bua, o mei,
håd da oid Kine zum Brinzn gsågt,
wia wieder amoi oana zweng da Brinzessin
gfrågt håd, dei Häuter is schlachtreif,
dei Saabe håd Schartn, durch dei schåbnfrassige Rüstung
wachelt da Wind und von Drachan woaßt nix.

Då håd da Brinz glacht mit sämtliche Zähn,
Oida, håd a gsågt, wås wuist denn?
Mid Kriag gwinnst du nia gega d Drachan
und wenn da Gaul no so wia gmoaßlt dåstäht und
wenn da Saabe no a so schneidt und wenn d Rüstung
no a so glenzt wia d Kristallkugl vom Hofnarrn.

Dei Reich is arm wei da Dracha dei Feind is.
Wenn er nimmer da Feind waar,
waar mei Gaul schnäi und mei Saabe schneidig
und mei Leibe leicht no guad gnua.
Und jetz geh auf d Seitn,
laß mi eini zum Deandl, sie wart'.

Da Kine is gruckt, daß a vabei kon,
gwiß wenn ma s hoit wissat,
aber jetz is er drin.

Märchen VI

Von da Macht

Am Fenstabredl eikrait stähd da schwache
oide Kini mid m rundn Buggl, da rote
Mantl um d Schuitan a Zelt,
drinn zarrt
a spindldürrs Biaberl
an papierern Dracha am Schnial
himmehoch auffe in n Wind.
Rundrum liegn brochane Lanzn,
zsammgrost'te Panzer und
im Grås eigwachsne Kanonan,
und wia da Schlegl vom Schmied
auf m Amboß bellt Schlåg auf Schlåg
sei großmachtige Wuad im Schädl
von Ohr zu Ohr.
Er werd seim Feind ähnlich,
sågd sie und d Schranzn
würfen scho, wer den Dracha
dastecha derf.

Märchen VII

Von da Zukunft

A saucooler Brinz mit Ledermontur
und an Fetzn Haß auf n Vater und
d Wäid und auf d Drachabruat und
an Fetzn Rausch, aber den håd ma need
gmerkt, weil a wås eigschmissn ghabt håd,
jednfois
håd n sie,
oiso d Brinzessin, woaß da Deife, warum,
wo s sunst auf Drachanester nix gebn håd
und d Nåsn ned hoch gnuag trågn håd kena,
jednfois
einilassn, und pfeigråd håd s eigschlågn und
natialich war da Typ auf und davo, bis se s gspannt håd,
und Reich für Reich nimma zum Findn –
jetz
lebt s vo da Stütze und
da Schraaz bei da Oma und scho
gähd oiß a Generation weida
wia eh und je.

Märchen VIII

Von da Globalisierung

I gib auf,
håd da oid Kini gsågt,
fia mei Reich is da Dracha z groß.
Mia wer ma n fuadan
und er werd wachsn,
mia wern toa, wås er wui,
wern sei Sprach lerna,
wern d Kinder åbliefern
wern stoiz auf eahm sei
wern oiwei gräßerne Nester baun
weil a oiwei gräßerne Eier legt
und guad werd s uns geh.
Natiale werd s Land z kloa wern,
werd uns s Wasser ausgeh
und d Luft zum Schnaufa,
aber irgndwann
sterm ma eh.

Märchen IX

Von da sichern Rente

Jetz, håd da Kine gsågt,
wo ma Friedn mim Dracha ham,
miaß ma de oidn Kriaga los wern,
sunst fressn s uns d Schatzkammer laar.

Schlachtn, håd da Kämmerer gsågt,
waar am billigstn, aber vielleicht
miaßad ma eahnere Kinder a paar Jåhr
Rente zoin, sunst macha s a Gschroa.

Fünf Jåhr waarn a Anreiz, håd da
Hofnarr gmoant und da Pfara,
zwoa glangadn aa. Guad,
håd da Kine gsagt, nacha mach ma s.

Märchen X

Von da Mitbestimmung

Bloß weil i, håd da Hofnarr gsågt,
so redn kon wia du, konst da du
no lang need denka, wås ma i denk,
wenn i so daherred wia du.

Bloß weil s d du, håd da Kine gsågt,
so daherredst wia i, glaubst du,
des wås d da du denkst, gang mi wås o –
dawei is oiß scho lang gschehng.

Märchen XI

Vom Recht

D Leit, håd da Minister gsågt, d Leit ärgern si,
weil s d n Dracha in s Fuadahaferl jetz eahnern Vorrat schüttst,
des schaugat ja gråd aus wia...

S Mei hoitst, håd da Kine gsågt! Des is mei Sach!

Dei Sach is, daß kloane Diab und Schwindla
d Hendt åbghackt kriang. Und weida
braucht in dem Reich koana sehng.

Märchen XII

Von da Kultur

s Voik schreit Freiheit
håd da Minista gsågt, wås mach ma n jetz?
A Rechtschreibreform, håd da Kine gsågt.
Des Wort muaß so blääd ausschaung,
daß s koa Dichta meah schreim måg.
Wås d Leit nimma sehng, nenna s need,
wås need gnennt werd, gibt s need.

Beobachtungen

S säibe Lebn bloß anderscht

Bahnhof, Bahnhof. Wo samma? I vasteh nix.
Auffi, åwe. A Kind plärrt, wiaso huift nemad? Übahaupts.
Wås soi ma denn toa? A Graua mid Aktnkofferl,
a Blonde mid Laptop. Da fettige Dunst von Bråtwiascht.
A Bettler am Bodn, oiwei no s plärrade Kind,
wo hi? Elektrische Tåfen, de fremdn Zeichn plattlt s her,
es liest s neamd, iagndwo muaß a Gleis sei,
iagndwo Liacht, då drom wo miassad a Uhr hänga,
a Fahrplan, miassad a Leuchtschrift sei, Trost. Im Papierkorb
da Laptop, da Bettler blattlt im Fahrplan, a Zehnerl
foid neba n Huat, wo is d Stiagn? Gschäftsleit in
graue Anzüg, Gsichter wia Mausfoin, a Rentner
zarrt an am vui z großn Koffer, s Kind plärrt, koans då,
wo si kümmert, a uroide Frau schiabt mid an broatn Bäsn
zwuzlte Aktn, de Blonde håd jetz a gestrige Zeidung
nebam Bettler ausbroat', i woaß need wia spät,
zwoa Schuideandl mit Piercing im Nåbe lachan si
deppad, da Schnitt im Augapfe bluat' no, a Mausfoin
schnappt zua, i vasteh s need, iagndwo miaßt jetz...
endlich a Stiang, a Eisnbahner in Uniform, rots Kappi
und im Gsicht koa oanzige Foitn, sei Fahrplan
ganz ausbloacht, wia r i n oglang, zfoid a zu Staub.

Tanz

S goidane Kaibe is in Wirklichkeit
a Siemer BMW gwesn, des ham de oidn Israelitn
bloß no need kennt. S Prinzip ham s
trotzdem verstandn: du werst so a Trumm
nia håbn und nia braucha, aber so lang s d es need håst,
is dei Oasch a gwehnlicha, woacha, gfoitada,
schwabbliga Oasch, fia den wo s d di schaama muaßt,
schaama vor oiß und jedn, und bloß in so an Sizz,
mid so an Blech, unter so an Lack, mid so an Motor
und so an Abzug...
genau des is da Heazzschlåg, i kenn an, i gspia n,
i tanz doch säiba: åb in da Kneipn und
o in da Friah im Gschäft und denk ma
oamoi wenn i hoid so weid kaam, nacha
hätt i endlich ålle Sorgn...
in Wirklichkeit s goidane Kaibe,
i håb s bloß no need kennt.

Gwesn

So war s, aber des muaßt jetz
bittschön vasteh: so war s need gmoant!
Mia ham doch bloß woin, daß oiß
bessa wead, daß ma gråd umme schnella,
daß ma senkrecht vui häha, daß ma endlich,
wenn ma genau wissen wia, nimma Beag vasezzn,
sondern eimfach nei hibaun kena, daß ma
nimma in d Woikn schaung und um s Troad betn
miaßn, sondern beim Mähdreschafahrn Musi losn,
natialich ham ma need jede Art Blattl und need
jeds Blau vom Himme dahoitn kena und freile
deafst, wia bei jeda Maschin, jetz koan Fähla meah
macha, awa so guad wia heid, i moan so
muaßt es doch aa sehng, und daß d jetz nimma
so weidamacha und zum Lebm, sogst, koan Plåz
findst und daß so koa Hund meah, geschweige denn Kinda
und daß sowieso nix meah zum macha is, wei
oiß scho vui z weit ... des stimmt scho, awa
echt nimma woin und i schuid

Heiffalweis

Tia auf, Tia zua. A Zimma ohne Fensta,
Sessl, Teppich, Buidarahma, s weiße Liacht
vom Energiesparlamperl hengt tiaf und
macht need hell. A Hoar, wo si am Poista kringlt –
werd Konsequenzn håbm. Und wia? Und wo?
Und aus und ei. Und draußdn wo is Wind und Sunn
und oa ham frei und gehnga hi, wo s woin.
Und kraachzt da Starl und d Amsl singt und is
a Wiesn voller Flügl, daß s gråd summt.
Ja, eng, ja freilich eng, Tia zua: des woit i need,
ma braucht und muaß, und mächt ma doch und
ko doch need und is ma doch – i bin. Wås? Wer?
Tia auf, werd Konsequenzn håbm. Werd enga wern,
werd Zeid vageh, werd käita wern und niedriga
und auf und zua. I tua doch oiß und bin doch då
und wui doch need und mach doch eh, wås soid i n no?
Und d Zeid vagäht und draußdn wo und wenn i wenigstns
a Fensta häd zum Ausseschaung und ei und aus
und zua. Warum denn i? Wås lafft denn foisch?
I håb doch eh und ko need meah und der und de
und außadem und wo bleib i? Und Lebm und Tod
und woit i doch ... und endlich rot und gäib n Rahma fuin,
a Zeichn gebm, a Tia aufmacha, liacht und weid und
Haud und Hoar und auf, auf und davo.
Sessl, Teppich, Energiesparliacht, a Heiffal Mensch
und ei und aus. Und Ringlhoar. Und Buidarahma.

Allmächtiger

Neilich håb i an liabn Gott troffa am Flughafn,
er håd an schwarzn Anzug oghabt mid
Nådlstreifn und s Handy im Brusttaschl, s Kabe
zum Ohrhörer is eahm locker üwa d Brust ghängt,
s Mikrofon war an n Krågn clipst, pausenlos håd er
de Erzengl gsågd, wås s jetz auf der Stäi toa miaßn,
da Himme håd ganz vabrennd grocha, so san s umananda
gwezzt und ganz deitlich håd ma d Allmacht gspiat, de wo
von de Woikn åba direkt bloß eahm umfasst håd.
Aber irgndwia is er mit seiner Schöpfung
need z recht kema, scheint s håd si wås
säibständig gmacht, des wo nimmer zum
Zruckdraahn is, weil fia r an Ewign is er
auffallend hektisch gwen und vo dem,
wås er ins Telefon gsågt håd, war s wenigste liab,
überhaupt is s de ganz Zeit bloß um Gschäft und Zahln
ganga und går net um Lebn und Tod, i hab direkt
Zweife kriagt, ob i ois Ebnbuid von an soichan
überhaupts in Betracht kim und froh war i,
wia ma in Fliaga eigstiegn san, då håd a s Telefon
ausschoitn miaßn und staad drin sizzn, er war
zwoa Reihn vor mia, oamoi håd a umgschaugt,
in seim Gsicht war de blanke Angst.

Rennats

A Dutznd genmanipulierte Laborratzn
san auskema, mid eahnane Menschnhirna
ham s es in nullkommanix aussaghabt,
wia ma a Fahrzeig mid Gangschoitung baut,
otriebn mid laudda Kanoiratzn, festgschraubt
in Laufradln und untan Schwoaf s Kabe ogschlossn
fian Elektroschock, grennt is des Trumm schneller
wia oiß wås a Ratz jemois gsehng håd und im Hauptkanoi
sans um d Wett gfahrn, eiskoid mid Tunnelblick
über oiß drüber wås si need schnäi gnuag vaschliafft.
N Kanoiwärter håd oana von de Zsammgfahrna
in d Hand bissn, wia r a n wegramma woit,
jetz bruid a wiara Stier s ganze Kranknhaus zsamm
und is mid nix zum Beruhign, weil er moant
daß der Wahnsinn ansteckend is.

Schöpfung

Da Herrgott hockt auf seim Draahstui, aufrecht,
vor eahm drei Finger broat eigschenkt s Glasl
Whisky, need irgndoana, Laphroaig is s, und zwar
need da erste, sei Kittl is weiß, no so weiß, daß
d Aung blind wern wia in da finsterstn Nacht.
Aus n Käfig fangt er an Razzn mim festn Griff,
linka Daama und Mittelfinger ums Gnack gspannt wia
Schraubstöck, da Razz reißt d Aung auf und scheißt si
vor Angst auf s Schwanzl, min scharfn Skalpell
legt er eahm s Heazz frei, rot, so kinderbluatrot
spritzt da Schaum auf sein Kittl, weiß san jetz bloß no
am Razz seine Zähn, dann kriagt a de neie Säi.
Da Razz gspiat s Heazz von da Schlanga und siehgt weiß,
so brennweiß ohne Schattn de ganze Wäid klar,
so klar wia s no nia oana gsehng håd:
auf schreit da Razz, plärrt um s Lebn
wiara ausgsetzta Säugling und kratzt si
mid de eigna Kräu von ålle zwoa
vordern Pfotn ålle zwoa Aung aus,
da Herrgott legt s Messa weg und trinkt ex.

Oid

Da Herrgott hockt auf seim Draahstui,
nimmer ganz aufrecht, da weiße Kittl schmeißt Foitn,
s Glasl is laar. Allwissnd, wia r a is, woaß a
natialich, wo a sein Fähla gmacht håd und wia si
der jetz entwicklt. Bläd glaffa, des Experiment
mid da Liebe total vasiebt und wieder bloß
d Wahl zwischn glei vernichtn und
zuaschaung wia s von säiba kaputt gäht.
Gega s sichere Wissen a Gschöpf gern håbm,
des schlågt a Loch in d Allmacht und sticht
da Allwissnheit s Aug aus, aber
spannend is s scho, ob s vielleicht des
näxte Moi gäht. Da Heilige Geist
steckt n Schnåwe in d Federn,
wenn er need ewig waar,
taat is sågn er werd oid.

Bericht

Nix geigt si,
nix posaunt,
es trommet need und klampft und flöt'
und pfeift und rasslt nix. Nix meah.
A Amslschnåbe groß im Buid
und in de Ohrn heasd need amoi
a Projektionsmaschin.
Oan fäid a Aug, oan is da Schädl gspoitn,
oan steckt a Messa in da Brust,
bei oam is s Mei weid offn,
kannt sei dea schreit.
Zwoa gehn durch s Buid in fesche Anzüg,
Frisur korrekt, koa Hoar stäht åb,
sie redn mitnand und deitn wenig,
mia wiss ma need wås s sång.

Åbgrund

Dreegsau schrein is des oane.
Gschdinkada, vakemana, durch und durch
gwissnlosa Menschnschindda...
des anderne is wissen, daß s nix huift.

Weil dea ois Raadl im Getriebe koa Mensch need is.
A Åbgrund: wo si oiß um Gsezz und Sachan draaht,
mid Gwoid unendlich. Dea drischt da n Stempe
mittn nei ins Gsicht und denkt si nix.

Des dritte is lerna, wia ma genau
Bombm baut und Raketnwerffa mid
elektronischa Steierung und wenn s d es
woaßt, bist aa need bessa wia der.

Vaglicha mid 1984

S Liacht vo da Funzl
is a Weng weida gruckt,
aber in da Finstern san s de
säibn Geista, ma heart s, boi ma
si bei da Landstraß ans häherne Singa
vo de Autoroaff gwöhnt håd: d Diktatorn
zichtn oiwei no Bluadhundt und schmian si
weiße Gsetzfarb ins Gfries, fuchtln da Blechmusi
beim Bierzäit schneidig an Marsch ei
und de Hungaleida Hoffnung auf
a Wurscht zum täglichn Brot.
D Technokratn bastln Maschinan,
wo d Wäid schnella dasticka kena.
D Barrasler passn auf eahnan Befäi
wia d Hundt auf d Zwingatüa.
De Beamtn sammen Beweise bevor se s gibt,
de Empfindlichn hengan si am Schdrig auf,
de Wachsama an da Mahnwach,
de Deppertn am Glaum, daß des
oiwei no oiß nix hoaßt.
S Glick vasteckt si im Troadfäid,
es håd d Landkartn auswendig glernt.

Fia d Literaturkritik

Daß d Amsl singt, intressiat need.
Daß wer sågt, daß d Amsl singt, intressiat need.
Daß wer sågt, daß s neamd intressiat, intressiat need.
Daß wer Amsl sågt, singt sågt, intressiat sågt,
daß überhaupts wer wås sågt,
sågt überhaupts nix und
daß s neamd intressiat
intressiat überhaupts neamd.
Daß d Amsl singt, håb i scho gsågt.
Des sågt oiß.

Zur Schreibung

Erstens: Mundart zu schreiben ist ein Widerspruch in sich. Zweitens: Die Schreibung der Mundart ist nicht geregelt. Drittens: Wer sich trotzdem entschließt, Mundart zu schreiben, kommt ohne Regeln nicht aus.

Es ist gut, dass sich diese Regeln jeder Mundart Schreibende selber gibt. Die Mundart ist das letzte Rückzugsgebiet der Kultur, in das die alles vernichtende Staatsbürokratie nicht eindringen kann. Hier sind die Größenordnungen menschlich, hier klingt die Geschichte der Sprachen nach, hier ist die Lebens-Weisheit zugleich archaisch und Avantgarde.

Als ich vor vierzig Jahren angefangen habe, Mundart zu schreiben, habe ich eine „phonetische Schreibweise" benutzt. Der Leser musste sich dabei langsam durch ungewohnte Buchstabenwürmer tasten und sich über den Klang die Bedeutung erschließen. Jedes erkannte Wort war ein eigenes Vergnügen, jedes verstandene Bild verschaffte Zugang zu einem exklusiven Kreis der Eingeweihten, von dem Sprachfremde, Phantasielose und Regelfanatiker ausgeschlossen waren.

Die Lust am Entziffern solcher Botschaften schwindet aber rasch. Der Weg zur erlösenden Pointe darf nur wenige Zeilen weit sein. Mehrdeutiges, Rätselhaftes, Lyrisches lässt sich damit nicht formen. Je größer mein Anspruch an die eigenen Texte wurde, desto wichtiger wurde mir auch, nicht nur von einem kleinen Kreis Eingeweihter verstanden zu werden (und auch Sprachfremden eine Chance zu geben).

Inzwischen passe ich die Schreibung meiner Mundart so weit an die Standardsprache an, dass sie weitgehend dem gewohnten Schriftbild entspricht. Ich benutze Groß- und Kleinschreibung, Satzzeichen, Dehnungs-H, ich lasse zwischen den Wörtern die gewohnten Abstände, auch wenn sie nur aus einem Buchstaben bestehen, ich setze Bindungs-Konsonanten zwischen Abstände, um die erkennbaren Wörter nicht zu verfälschen. Beispiel: „Wenn s d da r an Schiefan eizohng håsd, muaßt n wieda aussaziahng."

Ich verzichte auf Auslassungszeichen dort, wo es in der Schriftsprache einen Vokal und damit eine eigene Silbe gibt, aber in der Mundart nicht (in der Mundart heißt das Wort „gsågt", dem fehlt kein e nach dem g, darum gibt es da auch keinen Apostroph). Dagegen benutze ich das Auslassungszeichen am Wortende, wenn es für die Verdoppelung des Auslauts keine sinnvolle Alternative gibt: „i håb gwart' auf di", aber: „i håb gredt mid dia".

Ich komme trotz der vielen zusätzlichen Diphtonge und Umlaute in der Mundart mit den Buchstaben der Schriftsprache aus – mit einer Ausnahme. Nachdem ich das dumpfe A („mag in: dea måg mi need") einfach als „o" und die gedehnte Form mit „oo" geschrieben habe, das aber immer zu Verwechslungen und Inkonsequenzen führte, habe ich mich dazu entschlossen, den von den skandinavischen Sprachen geläufigen Ring zu verwenden.

Im Übrigen halte ich mich ans Gehör, im Zweifel an mein ganz individuelles, eigenes Gehör. Beim schon Volksmund gewordenen Beispiel, „wenns d n Baam need giaßt, na dadiad a da", ist der Auslaut von dadiad weich, also ein „D". Wenn aber schon alles zu spät ist, schreibe ich: „oha, jetz is a dadiat". (Und wie war das mit dem Ring fürs dumpfe A? Dann muss es doch konsequent „åha" heißen, nicht oha?! – Ellerbätsch, nein, „oha" ist in dieser Schreibweise ein geläufiger Ausruf, während die „konsequente" Schreibweise zur Verwechslung mit „aha!" führen würde.

Verwirrend? Inkonsequent? Nein, menschlich! Regeln können nur den Regelfall regeln, im Zweifel gilt immer das, was unter gutwilligen Menschen verstanden wird.

Glossar

Wörter:

aufgleint	*aufgetaut*
Dåcherl	*Bergdohle*
dallig	*schwindlig, geschwächt*
Ducket	*Bettdecke, Tuchet*
Faatschn	*Reisigflechtwerk zur Hangsicherung*
Flinserl	*Fädchen, Flusen*
Fozzn	*Gesicht (könnte auch Ohrfeige heißen, hier nicht gemeint)*
gneissn	*bemerken, wahrnehmen*
grana	*ächzen, knirschen*
Haftl	*Verschluss-Öse an Kleidungsstücken*
ogsuzld	*vollgesogen, getränkt*
schåbnfrassig	*schieder; wörtlich: von Schaben zerfressen*
Schiwal	*Büschel, Schüppel*
Schremsn	*hässliches altes Weib, meist obendrein verbittert und böse*
Staunzn	*Stechmücken*
Stübegschicht	*öffentlich noch nicht bekanntes erotisches Verhältnis*
wiaflad	*nervös, getrieben*

Redensarten:

Bluadiga Gams: *ein Ausruf angesichts einer bedrohlichen Situation, aus der man nur noch mit Geschick und viel Glück entkommen kann.*

Wenn da Maulwurf a Faust macht: *scherzhafter Vergleich für eine aussichtlose Drohung.*

Josef Wittmann, geboren 1950 in München, lebt in Tittmoning. Er veröffentlicht seine bairischen Gedichte in Anthologien und hat einige Bücher und Volksstücke herausgebracht.

Bücher:

kuacha & kafä, 1972, Friedl Brehm Verlag, Feldafing
dea, dea wo, 1973, Friedl Brehm Verlag, Feldafing
Hansl, Grädl & Co, 1977, Friedl Brehm Verlag, Feldafing
unser scheene koide hoamat, 1982, Passavia Verlag, Passau
umasunst is nix, 1987, UR-Verlag, Traunreut.

Theaterstücke:

Eder Schuaster 1991
Halt's Maul Bauernfünfer 1996
Höchste Eisenbahn 1997
Cosmarchia (nach Jakob Bidermann) 1999
Schock Schwere Not – Gruselkabarett nach E.A. Poe 2000
Ab jetzt werd gspart 2001.

Bücher aus dem LILIOM Verlag:

Franz von Kobell: Die Gschicht von Brandner Kasper. Nach dem Originaltext aus den „Fliegenden Blättern“ von 1871. 978-3-934785-23-6

Margret Häckl: Mein Herz glaubt immer noch an Wunder. Geschenkbuch mit Aquarellen. 80 S. 978-3-934785-35-9

Christine Walton, Christine Hartinger: Blütenstaub. Poesie und Fotografie. Ein Blumen-Geschenkbuch. 48 S. 978-3-934785-39-7

Erlebte Geschichte. Wahre Begebenheiten vom letzten Krieg. Zeitzeugen erzählen von ihrem Leben in höchster Gefahr. 144 S. 978-3-934785-22-9
„Ich durfte überleben.“ Persönliche Erinnerungen, ein Geschichtsbuch vom Krieg. 128 S. 978-3-934785-19-9

Karl Brandstetter Vom Inn zum Ural. Mit 16 als Kriegsgefangener vier Jahre nach Rußland. 128 S. 978-3-934785-34-2

Werner Fritz: Erinnerungen an Traunstein. 96 S. 978-3-934785-30-4
Werner Fritz: Brigitta. Eine Männerfantasie. Satirischer Roman. 132 S. 978-3-934785-18-2
Werner Fritz: Die Leiden des alten Werners. Satiren und Erinnerungen, mit Zeichnungen von Ernst Jani. 128 S. 978-3-934785-36-6

Karl Robel: Über die Liebe zur Natur - ein Vogelfreund erzählt. 96 S. 978-3-934785-31-X
Karl Robel: Rupertiwinkler Weihnachtsgschicht. 64 S. 978-3-934785-17-5

Freumbichler, Johannes: Erziehung zu Vernunft und Fröhlichkeit. Für die Jugend von Sechzehn bis Sechzig. Lehrgedicht, gewidmet dem Enkel Thomas Bernhard. 112 S. 978-3-934785-16-8

Adolph Müllner: Der Kaliber. Aus den Papieren eines Criminalbeamten. Neuedition der Ausgabe von 1828, die erste deutsche Detektivgeschichte. Hg. von Heike Mayer. 128 S. 978-3-934785-01-8

Jakob Ubeka: Liebe - Baum – Tod. Anthologie zum Thema Baum. 124 S. 3-927966-00-2

Florian Kühnhauser: 1870/71 Kriegserinnerungen eines Soldaten des königlich bayerischen Infanterie-Leibregimentes. 256 S. 978-3-934785-02-1

Ludwig Gnadl: Fußreise eines Bäckergesellen durch Europa, Asien und Afrika. Nachdruck der Ausgabe von 1912. 256 S. 978-3-934785-04-5

Dietmar Füssel: Gelsomina. Eine Mückengeschichte in sieben Stichen. Illustriert von Hilde Wallner. 48 S. 978-3-934785-42-7

Corvinus Johann August: Gottgeheiligtes Denkmal zum Gedächtnis an die Vertreibung von 20.000 Evangelischen aus Salzburg. Kupferstich und Text. 978-3-934785-43-4

Laotse. Vom sinnvollen Leben und von der gütigen Liebe. Worte aus dem Tao Te King. Mit Fotografien von Franz Baumann. 176 S. 978-3-934785-38-0

Georg Elser. Sprengstoffanschlag im Bürgerbräukeller in München am 8. November 1939. Vernehmung des Täters. Faksimile der Gestapo-Verhörprotokolle. 224 S. 978-3-934785-44-1